# LES

# ASSOCIATIONS SYNDICALES

PAR

## L. DELANNEY

DOCTEUR EN DROIT
RÉDACTEUR AU MINISTÈRE DE L'INTÉRIEUR

PARIS

TYPOGRAPHIE CHAMEROT ET RENOUARD

19, RUE DES SAINTS-PÈRES, 19

—

1891

# LES

# ASSOCIATIONS SYNDICALES

---

On sait la distinction fondamentale à faire entre les travaux publics et les travaux privés, ainsi que les principaux caractères qui permettent de les différencier. Tandis que ceux-ci, entrepris librement par les particuliers, tendent seulement à la conservation, l'utilisation ou l'amélioration de la propriété individuelle, les premiers sont exécutés par l'administration spécialement autorisée, ou en son nom, dans un but intéressant la masse des habitants de l'État, d'un département ou d'une commune.

Mais, si larges qu'en soient la définition et l'objet, ces deux grandes catégories n'embrassent pas la totalité des travaux effectués sur le territoire national. Il en est qu'il faut placer à part, qui, tout en se rapprochant des travaux publics à certains égards, offrent aussi d'assez étroites analogies avec les travaux privés : ce sont les travaux d'intérêt collectif ou plus simplement les travaux collectifs.

Cette qualification s'applique aux travaux qui affectent un ensemble de propriétés particulières, au profit desquelles ils sont exclusivement conçus. Comme ils se limitent à la satisfaction de besoins personnels, ils pourraient être assimilés aux travaux privés. Ils en diffèrent néanmoins parce qu'ils comprennent toujours un groupe d'individualités menacées du même danger ou soumises à une même nécessité. Sous ce rapport, ils seraient plutôt des travaux publics, s'il ne leur manquait, trait propre et essentiel, le mobile d'utilité générale. Par ce motif, l'administration ne saurait se charger d'y procéder. D'autre part, s'étendant à une superficie plus ou moins considérable de terrains, ils ne présenteraient pas d'efficacité si chacun les entreprenait isolément. Ils exigent le concours de tous les intéressés, dont l'accord préalable a reçu le nom d'*Association syndicale*.

Une association syndicale est donc la réunion d'un certain nombre de personnes qui se concertent pour réaliser, à frais communs, les travaux qu'elles jugent convenir à la défense ou à l'exploitation de leurs propriétés. Cette appellation dérive du mot grec σύνδικος (mandataire délégué pour gérer les affaires d'une communauté d'individus) dont l'adaptation française, *syndic*, sert ordinairement à désigner les représentants des associations de cette nature.

La loi récente du 22 décembre 1888 a réglé itérativement le régime des associations syndicales et modifié profondément les principes sur lesquels il avait reposé jusque-là. La portée et les conséquences pratiques de cette loi ne pourront être appréciées qu'au vu du règlement d'administration publique, actuellement élaboré par une commission instituée au ministère de l'intérieur [1]. Cependant, il semble déjà possible, en résumant les diverses phases de la législation, de dégager les tendances nouvelles qui doivent désormais dominer l'institution des associations syndicales. Il suffira, à cet effet, de suivre dans ses lignes principales l'ordre même tracé par la loi du 21 juin 1865, et maintenu par celle du 22 décembre 1888, savoir :

Historique et renseignements statistiques ;

Dispositions générales ;

1. Cette commission, instituée par arrêté ministériel du 23 janvier 1891, est composée ainsi qu'il suit :

*Président :* M. Marguerie, conseiller d'État ;

*Membres :* MM. Arnoux, inspecteur général des ponts et chaussées ; Boitard, chef de bureau au ministère de l'Agriculture ; Bouvier, inspecteur général de l'hydraulique agricole ; Collomp, chef de bureau au ministère de l'Intérieur ; de Crisenoy, ancien conseiller d'État ; Eyriaud-Desvergne, inspecteur général des ponts et chaussées ; Gauckler, président du comité technique de la vicinalité ; d'Hénouville, chef de bureau au ministère des Travaux publics ; Marchand, chef de bureau au ministère de l'Agriculture ; de Mouy, maître des requêtes au Conseil d'État ;

*Secrétaires :* MM. Chardon, auditeur au Conseil d'État ; L. Delanney, rédacteur au ministère de l'Intérieur.

Associations libres ;

Associations autorisées ;

Organisation des associations autorisées.


## I


Il est probable qu'il a toujours existé, sous quelque nom que ce soit, des associations syndicales, car le but qu'elles recherchent est de tous les temps et de tous les pays. En ce qui concerne la France, leur histoire se trouve esquissée dans l'exposé des motifs de la loi du 21 juin 1865[1].

Les plus anciennes sont les « communautés d'arrosants » du Roussillon, formées sous l'empire de la législation des Wisigoths et des Arabes.

Viennent ensuite, au xiie siècle, dans le Nord les « Watteringues », qui ont assaini, mis à l'abri des inondations de la mer et de l'envahissement des eaux pluviales l'arrondissement de Dunkerque ; au Midi, les « œuvres d'Arles, de Craponne », etc., pour l'endiguement du Rhône et de la Durance.

A partir du xve siècle, les syndicats d'arrosage et de desséchement se multiplient, surtout dans la Provence, le Comtat-Venaissin, le Poitou, l'Aunis et la Saintonge.

Suivant la tradition à peu près constante de l'ancienne monarchie, il n'existait pas de réglementation générale sur la matière. Le régime de chaque société se trouvait organisé par l'acte constitutif : édit, arrêt du conseil du roi, règlement de parlement, ou encore par la coutume.

Cet état de choses se prolongea longtemps après 1789. Les différents textes, jusqu'à la loi du 21 juin 1865, se référaient exclusivement, soit à une entreprise déterminée, soit à une catégorie particulière de travaux collectifs. Ce sont, par ordre de date :

La loi des 12-20 août 1790, chapitre VI, sur le régime des eaux ;

---

1. *Moniteur universel* du 21 avril 1864, no 234.

L'arrêt du Directoire du 4 nivôse an VI (24 décembre 1797), spécial aux Watteringues du Nord et du Pas-de-Calais ;

La loi du 4 pluviôse an VI (23 janvier 1798), relative à l'entretien des marais desséchés de la Vendée, des Deux-Sèvres et de la Charente-Inférieure ;

La loi du 14 floréal an XI (4 mai 1803), concernant le curage des cours d'eau non navigables ni flottables et l'entretien des digues et ouvrages d'art qui y correspondent ;

Le décret du 4 thermidor an XIII (23 juillet 1805), applicable aux digues du département des Hautes-Alpes :

La loi du 16 septembre 1807, qui régit les travaux de desséchement des marais (art. 1 à 27), d'endiguement contre la mer, les fleuves, les rivières et les torrents (art. 33 et 34), de salubrité dans les villes et les communes (art. 35 à 37) ;

La loi du 27 avril 1838, sur l'asséchement des mines ;

Le décret du 25 mars 1852, tableau D, n$^{os}$ 5 et 6, pour le curage des cours d'eau non navigables, les travaux d'endiguement, d'arrosage et de desséchement ;

Enfin la loi du 28 mai 1858, traitant des travaux destinés à mettre les villes à l'abri des inondations.

Les associations organisées en vertu de ces dispositions si nombreuses pouvaient se ramener à trois types : associations libres formées sans le concours de l'administration ; associations libres formées avec le concours de l'administration ; associations forcées imposées par l'administration.

Une statistique officielle, dressée en 1864, indique qu'il existait alors 2475 associations syndicales, for. inégalement distribuées entre 63 départements [1].

| | |
|---|---|
| 234 | s'étaient formées librement ; |
| 2029 { | 288 avaient été autorisées par ordonnances royales ;<br>250 par décrets ;<br>1491 par arrêtés préfectoraux ; |
| 212 | remontaient à une époque très reculée et leur origine était inconnue. |
| 2475 | Total égal. |

1. *Moniteur universel* du 21 avril 1864, n° 234.

Telle était la situation, lorsque intervint la loi organique du 21 juin 1865, dans laquelle furent réunies et codifiées, en 26 articles, toutes les règles propres aux associations syndicales.

Les discussions qui précédèrent le vote du Corps législatif permettent de préciser les trois caractères fondamentaux de la nouvelle législation.

On a voulu, d'abord, se placer au point de vue purement agricole.

Ensuite, les effets en ont été expressément limités aux travaux collectifs, à l'exclusion des travaux publics. Des députés avaient demandé de les étendre aux chemins ruraux. Leur proposition fut repoussée par ce motif que, pour les travaux placés dans les attributions de l'autorité administrative, on ne saurait accepter qu'une association syndicale pût se substituer à cette autorité. (Circulaire du ministre des travaux publics, du 12 août 1865.)

En troisième lieu, les associations ont été réparties en deux catégories : l'une comprenant les travaux de défense, la seconde les travaux d'amélioration. Ces derniers ne pouvaient être entrepris que par des associations libres, formées par le consentement unanime des intéressés. Les autres, à défaut d'associations libres, étaient confiés à des associations autorisées, pour la constitution desquelles il était permis à la majorité d'imposer, dans des conditions déterminées, sa volonté à la minorité.

La raison de cette distinction est facile à saisir. Quand il ne s'agit que d'augmenter la valeur de propriétés privées, notamment par l'irrigation, la collectivité en tirera bien certain avantage, mais pas assez grand, toutefois, pour qu'il lui soit loisible d'imposer la dépense au particulier qui préfère se contenter de revenus moindres plutôt que de faire l'avance des capitaux nécessaires. Est-on, au contraire, en présence d'une entreprise de préservation, telle qu'une digue destinée à protéger les riverains d'un fleuve contre des inondations périodiques ? Il est clair qu'elle doit s'étendre à toute la longueur de la rive exposée aux crues. Admettre que, par le refus d'un seul propriétaire, une lacune puisse subsister, serait rendre inefficace le surplus du travail, sinon même aggraver la situation de tous.

Mais ce système a été bientôt abandonné.

La loi du 20 août 1881 sur les chemins ruraux lui porta une première atteinte. Reprenant la question si formellement repoussée en 1865, elle a décidé que l'ouverture et l'entretien de ces voies publiques pourraient être confiés à des associations syndicales.

Puis est venue la loi du 22 décembre 1888, qui a créé des syndicats urbains et ouvert à l'initiative des intéressés la faculté de suppléer l'action administrative pour l'exécution des travaux publics aussi bien que des travaux collectifs. Elle a, finalement, supprimé toute différence entre les associations visant l'amélioration et les associations de défense, en ce qui concerne le droit de se constituer en associations autorisées.

Voici d'ailleurs les résultats obtenus à cette date :

Au 1er janvier 1888, il existait, en France et dans les trois départements de l'Algérie, 3 598 associations syndicales en exercice[1] :

2 432    avaient été constituées, avant ou après la loi du 21 juin 1865, sous le régime des lois antérieures ;

1 040  { 926 associations libres,    } avaient été constituées sous le régime de la loi du 21 juin 1865 ;
       { 114 associations autorisées }

126    ne rentraient pas dans les deux catégories précédentes, ou n'avaient pas fourni de renseignements suffisants pour déterminer leur classement avec exactitude ;

_________

3 598    Ensemble.

Or le chiffre relevé en 1867 était seulement de

2 475

_________

1 123    Différence.

C'est-à-dire que, dans une période de vingt-deux ans et six mois, il s'est produit une augmentation d'environ 33 p. 100.

_________

1. *Bulletin du ministère de l'Agriculture* (hydraulique agricole), 1887, fascicule G.

## II

La loi du 22 décembre 1888 donne, dans son premier article, l'énumération suivante des travaux dont une association syndicale peut être chargée :

1° Défense contre la mer, les fleuves, les torrents et rivières navigables et non navigables ;

2° Curage, approfondissement, redressement et régularisation des cours d'eau non navigables ni flottables, et des canaux de desséchement et d'irrigation ;

3° Desséchement des marais ;

4° Étiers et ouvrages nécessaires à l'exploitation des marais salants ;

5° Assainissement des terres humides et insalubres ;

6° Assainissement dans les villes et faubourgs, bourgs, villages et hameaux ;

7° Ouverture, élargissement, prolongement et pavage de voies publiques et toute amélioration ayant un caractère public, dans les villes et faubourgs, bourgs, villages et hameaux ;

8° Irrigation ou colmatage ;

9° Drainage ;

10° Chemins d'exploitation et toute amélioration agricole d'intérêt collectif.

Ce sont donc les numéros 6 et 7 qui ont consacré les deux innovations précédemment signalées, en créant des syndicats urbains et en les admettant à l'exécution de travaux publics.

Ce changement de doctrine semble des plus légitimes. Comme l'a fort bien indiqué M. Aucoc, si la société peut et doit pourvoir à la satisfaction des besoins généraux de ses membres, c'est à la condition que l'initiative des intéressés ou des associations d'individus ne soit pas en mesure de le faire[1]. La loi ouvre une nouvelle et large voie à cette initiative, en l'entourant de garanties

---

1. Aucoc, *Conférences sur l'administration*, II, n° 842.

nombreuses, plutôt trop nombreuses, par l'intervention des assemblées locales, du ministre, du Conseil d'État, qui écartent et au delà toute crainte d'abus. On ne peut dès lors qu'applaudir à une pareille tentative, au moment où les critiques contre l'ingérence de l'autorité dans tous les actes de l'existence de la nation tendent de plus en plus à disparaître devant les envahissements du socialisme d'État.

Ainsi se développera l'esprit d'entreprise des citoyens ; les finances municipales se trouveront allégées et les villes s'assainiront et s'embelliront sans avoir à subir des charges onéreuses. M. Yves Guyot l'expliquait à la Chambre des députés en ces termes :

« Voici des propriétaires intéressés à une entreprise de voirie dans une ville. Au lieu de perdre leur temps en intrigues, en sollicitations auprès des conseils municipaux et de l'administration, ils agissent eux-mêmes ; ils se groupent, ils se syndiquent. Ils se chargent de la besogne à leurs propres frais ou, tout au moins, ils font leurs offres à la ville. Le conseil municipal se trouve en présence de propositions fermes. Il peut intervenir à l'aide de subventions de diverses natures ; mais le fardeau de l'opération, au lieu de retomber sur l'ensemble des contribuables, est supporté pour la plus grande partie par les principaux intéressés.

« C'est l'application pratique de l'article 30 de la loi de 1807, qui spécifiait que les propriétés qui, par l'ouverture de nouvelles rues, par la formation de places nouvelles, auraient acquis une notable augmentation de valeur, pouvaient être chargées de payer une indemnité, pouvant s'élever jusqu'à la moitié de la valeur des avantages qu'elles auraient acquis. Depuis ce temps, des centaines de kilomètres de rues et de places ont été ouvertes : la propriété de la plupart des villes a reçu de ces travaux des plus-values considérables ; l'article 30 est resté lettre morte. Pourquoi ? Parce qu'il ne pouvait intervenir qu'une fois les travaux accomplis.

« Mais avec les syndicats, c'est avant qu'il est mis en pratique. Les propriétaires étudient, examinent les plus-values qu'ils espèrent retirer de telle ou telle opération. C'est euxmêmes qui fixent librement la valeur probable de cette plusvalue. Ils y proportionnent leurs avances et leurs offres. Sontelles jugées trop faibles par la ville, ils seront portés à les augmenter, si l'espoir qu'ils fondent sur cette opération est sérieux. Tous les jours, on entend des propriétaires, dans tel et tel quartier qu'intéresse telle ou telle opération, jurer que de toutes elle est la plus utile pour les intérêts généraux de la ville et multiplier les démarches et les sollicitations. La réponse du conseil municipal et de l'administration sera très simple : Formez un syndicat et contribuez à ce travail en raison de la foi qu'il vous inspire[1]. »

La loi a-t-elle été aussi bien inspirée en supprimant la démarcation tracée entre les travaux de défense et ceux d'amélioration et en les admettant tous indistinctement, par l'article 9, au bénéfice de l'association autorisée ? En réalité, elle n'a fait que répondre au vœu unanime des intéressés. La commission supérieure de l'enquête agricole de 1867, celle de l'aménagement des eaux, en 1878, 118 chambres syndicales d'agriculture sur 140, la Société des agriculteurs de France, plusieurs conseils généraux, des communes, des comices agricoles avaient, en effet, réclamé l'assimilation complète des deux sortes de travaux et signalé l'état de choses existant comme un des obstacles les plus sérieux à l'extension des associations syndicales.

D'autre part, elle a supprimé une répartition véritablement arbitraire ; car, pour tout esprit non prévenu, les curages de cours d'eau et surtout l'entretien des ouvrages nécessaires à l'exploitation des marais salants, classés au nombre des travaux de préservation, répondent aux mêmes intérêts que l'irrigation, le colmatage, le drainage, les chemins d'exploitation, qui ne constituaient que de simples améliorations.

A un point de vue plus général et plus élevé, il faut reconnaître, en définitive, que « ces travaux, quels qu'ils soient, intéressent à un haut degré la fortune publique ; les uns ont un but

1. Rapport présenté à la Chambre des députés par M. Yves Guyot. Quatrième législature, session de 1886, annexe n° 335.

de défense contre des chances de destruction qui menacent la propriété ; les autres, un but de préservation contre des causes d'insalubrité pouvant compromettre la santé publique ; ceux-ci assurent la sécurité et la facilité de la circulation ; ceux-là augmentent la productivité du sol ; tous développent les forces économiques de la nation, exigent la même unité de vue, la même solidarité d'efforts, l'emploi de ressources mises en commun : pourquoi limiter le droit de coercition à certains d'entre eux [1] ? » Les réserves apportées à l'exercice du droit de propriété sont donc aussi justifiées par les motifs d'utilité sociale invoqués dans un cas, que par les motifs de sécurité invoqués dans l'autre.

Au surplus, il importe de remarquer que les innovations formulées aux n[os] 6 et 7 de l'article premier ne sont rien moins que restrictives.

On a voulu laisser la voie ouverte à l'exécution de tous travaux utiles, sur des terrains bâtis, dans les agglomérations urbaines[2]. C'est en ce sens, du reste, qu'elles ont été interprétées par l'administration supérieure (Décret du 18 août 1891, mise en état de viabilité de plusieurs rues et construction de trottoirs à Alfortville). Elles peuvent d'ailleurs avoir un objet purement municipal, les rues ordinaires dans les villes. Elles peuvent être également d'intérêt départemental, même national, s'il s'agit de traverses de routes[3].

Quant à la portée déjà très large attribuée en 1865 aux mots « toute amélioration agricole » du n° 10 (Circulaire du ministre des travaux publics, du 12 août 1865), il ressort de la discussion devant le Sénat en 1888[4], qu'elle doit être encore étendue et embrasse même les abornements généraux dans les communes rurales. (Décret du 17 février 1891, abornement général de Baudignécourt.)

<hr>

1. Rapport supplémentaire présenté au Sénat par M. Develle. Session extraordinaire de 1888, annexe n° 30.

2. Rapport de M. Yves Guyot.

3. Rapport présenté au Sénat par M. Barne. Session ordinaire de 1888, annexe n° 254.

4. Rapport supplémentaire de M. Develle.

## III

L'article 2 a consacré la division des associations syndicales en associations libres et associations autorisées.

Il n'a été rien changé en ce qui concerne les associations libres et les articles 5 à 8, qui les régissent, ont été maintenus dans leur intégralité.

Au point de vue juridique, on peut les définir des sociétés soumises aux règles du Code civil, sous les seules réserves formulées par l'article 3 de la loi. (Cour de Nîmes, 22 avril 1872, syndicat de Cabédan-Neuf.)

En fait, leur caractère propre est de se former et de fonctionner sans l'intervention de l'administration (art. 5, § 1er). Aussi le législateur ne s'en est-il occupé que pour leur accorder, moyennant l'accomplissement de formalités très simples, des avantages précieux.

Elles sont constituées par le consentement unanime des intéressés, qui arrêtent eux-mêmes leurs statuts en pleine indépendance. La loi exige seulement la rédaction d'un écrit, acte notarié ou sous seing privé au gré des associés, qui relate l'adhésion de tous (art. 5, § 2). La manifestation de cet accord a, d'ailleurs, été facilitée par une disposition spéciale, empruntée à l'article 13 de la loi du 3 mai 1841 sur l'expropriation. L'adhésion des mineurs, des interdits, des absents et autres incapables est donnée par le représentant légal de l'incapable, avec l'autorisation du tribunal de la situation des biens, accordée en chambre du conseil, sur simple requête, le ministère public entendu (art. 4). La faculté d'adhérer pour les biens de l'État, des départements, des communes ou des établissements publics est expressément attribuée, suivant le cas, au ministre des finances; au préfet, après avis du conseil général; au maire, après avis du conseil compétent. A vrai dire, cette addition était inutile, puisqu'elle se borne à rappeler les principes généraux de la représentation en matière administrative, dont l'observation restait obligatoire, qu'elle fût ou non reproduite dans le texte.

En même temps qu'il constate les adhésions, l'écrit exigé spécifie le but de l'entreprise. Il fixe le mode de gestion et détermine les limites du mandat confié aux syndics ; il arrête les voies et moyens nécessaires pour subvenir à la dépense, ainsi que le mode de recouvrement des cotisations(art. 5, § 3).

L'acte ainsi dressé est publié, dans le délai d'un mois après sa date, dans un journal d'annonces légales de l'arrondissement ou, s'il n'en existe aucun, dans l'un des journaux du département (art. 6). Cette formalité est essentielle.

De son accomplissement dépend la jouissance du traitement particulièrement favorable réservé aux associations syndicales libres. Elles sont des personnes morales, qualité refusée aux autres sociétés civiles : elles peuvent donc ester en justice par leurs syndics, acquérir, vendre, échanger, transiger et hypothéquer (art. 3). Mais on a voulu qu'elles ne puissent opposer leur personnalité aux tiers qu'autant qu'elles l'auront portée à leur connaissance, et la publication au moyen de la presse répond à cette préoccupation. L'omission entraînerait comme conséquence la perte du bénéfice de la personnalité. Si, cependant, des engagements avaient été contractés en qualité de personne morale par une association ainsi déchue, elle ne saurait y échapper en invoquant le défaut d'accomplissement de cette formalité, édictée dans le seul intérêt de ses co-contractants (art. 7). C'est le vieux brocard du droit romain : *Nemo auditur propriam turpitudinem allegans*.

Un extrait de l'acte d'association est, de plus, transmis au préfet pour être inséré au recueil des actes de la préfecture (art. 6). Aucune sanction n'est, du reste, attachée au défaut d'insertion, pour laquelle aucun délai n'est fixé. Aussi s'est-on étonné de cette disposition[1], dont l'administration ne pensait, de son côté, retirer d'autre avantage que la conservation, dans les archives de chaque mairie, des statuts des associations. (Circulaire du

1. Godoffre, *Des associations syndicales*, n° 146.

ministre des travaux publics, du 12 août 1865.) Elle présente pourtant une utilité plus appréciable, celle de révéler à l'autorité l'existence de toutes les associations libres, dont la formation échapperait sans cela à sa connaissance et de permettre, par suite, l'établissement des statistiques dont la nécessité n'est plus aujourd'hui contestée par personne.

Une fois constituées, les associations syndicales libres s'administrent conformément à l'acte de société et suivant le Code civil, comme de simples particuliers.

On voit ainsi que le législateur a, sur ce point, atteint le but qu'il s'était proposé. Il a favorisé le développement des associations libres en leur reconnaissant la personnalité et, ne retenant que les précautions indispensables pour sauvegarder les droits des tiers, il leur a laissé toute liberté pour le choix de l'entreprise à poursuivre et des voies et moyens à adopter pour le réaliser.

Il ne faudrait pas, en effet, conclure des articles 1, 2 et 5 que le programme des travaux permis aux associations libres doive être limité à ceux compris dans les dix numéros de l'article premier. La loi n'impose qu'une seule condition pour la formation de ces associations : le consentement unanime des intéressés. Sous la seule réserve de ne rien faire qui soit contraire aux lois, l'ensemble de ces intéressés peut entreprendre sur la totalité des terrains compris dans l'association tout ce que chacun d'eux ferait libre ment sur son patrimoine propre. Or, personne ne sou tiendra que ces actes soient tous compris dans l'article premier, si largement qu'on l'entende. Par exemple, on a expressément reconnu devant le Sénat que la loi du 22 décembre 1888 ne s'étendrait pas aux réunions et échanges de parcelles[1], et cependant on ne pourrait refuser à plusieurs citoyens le droit de s'associer librement pour procéder entre eux et à frais communs à une pareille opération. Il n'existe pas davantage de prétexte pour interdire aux riverains d'un cours d'eau non navigable ni flottable de s'unir, à l'imitation de ce qui se passe en Allemagne, en Hollande et en Italie, pour l'exploitation de la pêche.

1. Rapport supplémentaire de M. Develle.

A l'inverse, parmi les travaux dont parle la loi, ceux des n<sup>os</sup> 6
et 7 échappent évidemment à l'action des associations syndicales
libres. L'essence de celles-ci est l'absence de relations avec l'autorité administrative et l'exécution des travaux publics ne se
conçoit pas sans une intervention incessante, quotidienne de
l'administration, se manifestant par l'approbation des projets, la
surveillance pendant la mise en œuvre, la réception après achève-
ment. Elles pourraient seulement, non plus alors comme associations syndicales, mais parce qu'elles sont personnes morales
et au même titre qu'un entrepreneur quelconque, obtenir la con-
cession d'ouvrages de ce genre qu'elles exécuteraient, non en
leur nom, mais comme simples mandataires et délégués de
l'État, d'un département ou d'une commune.


## IV


Tandis que les associations syndicales libres sont des sociétés
civiles douées de la personnalité, on a toujours considéré les
associations autorisées comme de véritables établissements d'utilité publique, se rapprochant même très étroitement, à certains
égards, des établissements publics [1]. La loi du 22 décembre 1888
a rendu cette analogie encore plus frappante, en retirant à l'acte
constitutif de chaque syndicat le soin d'organiser son fonctionne-
ment, pour le remettre à un règlement d'administration publique
qui y pourvoira par mesure d'ensemble.

Moyennant l'investiture de l'administration, les associations
autorisées recouvrent leurs taxes comme en matière de contribu-
tions directes (art. 15) ; leurs travaux sont considérés comme
travaux publics (art. 16) ; l'apurement des comptes se fait suivant
les règles établies pour les comptes des receveurs municipaux
(art. 16, § 2) ; elles peuvent recourir à l'expropriation (art. 18).

La loi du 21 juin 1865 n'admettait la constitution de ces asso-

---

1. Ducrocq, *Droit administratif* (6<sup>e</sup> éd.), II, n<sup>os</sup> 1574 et 1575. — Godoffre, *Des
associations syndicales*, n° 77. — Perriquet, *Traité des travaux publics*, II,
n° 1203.

ciations que pour les travaux dits de préservation: 1° défense contre les eaux ; 2° curage ; 3° desséchement de marais ; 4° marais salants ; 5° salubrité rurale, et elle les soumettait à une réglementation unique.

Désormais, tous les travaux énumérés à l'article premier de la loi de 1888 peuvent, sans exception, faire l'objet d'associations autorisées. Seulement, on les a répartis en quatre classes.

La première se compose des cinq espèces de travaux précités, pour lesquels il n'est rien innové (art. 1er, nos 1 à 5).

A la seconde, revient l'assainissement dans les villes (art. 1er, n° 6).

La troisième comprend l'irrigation, le drainage et les chemins d'exploitation, c'est-à-dire les travaux d'amélioration agricole (art. 1er, nos 8 à 10).

La quatrième embrasse les travaux urbains d'intérêt public (art. 1er, n° 7).

Sans doute, cette classification n'est pas écrite dans la loi. Mais elle ressort de la succession des formalités qui, assez simples et suffisamment protectrices pour le premier groupe, se multiplient dans le second et le troisième, pour devenir excessives dans le quatrième.

Il suffira de résumer les mesures spéciales à chacune de ces classes pour faire ressortir la complication à laquelle elles conduisent, en une matière que la loi de 1865 avait entendu ramener à l'unité et qu'elle avait tout au moins réussi à simplifier dans de notables proportions.

S'agit-il du calcul de la majorité, on se borne à demander pour le premier groupe l'adhésion de la moitié plus un des intéressés, représentant au moins les deux tiers de la superficie des terrains, ou les deux tiers des intéressés représentant plus de la moitié de la superficie. Tandis qu'on soumet les trois autres groupes à un traitement unique, se traduisant par l'adhésion des trois quarts des intéressés représentant plus des deux tiers de la superficie et payant plus des deux tiers de l'impôt foncier afférent aux immeubles ; ou des deux tiers des intéressés avec plus des trois quarts de la superficie et payant plus des trois quarts de l'impôt (art. 12, §§ 1 et 2).

La différence des procédures n'est pas moins accusée. Les associations relatives à la défense contre les eaux, au curage, au desséchement des marais, aux marais salants et à la salubrité rurale qui ont réuni la majorité voulue sont instituées par arrêté préfectoral (art. 9, § 1ᵉʳ). Cet arrêté, pour l'assainissement dans les villes, est précédé d'un avis conforme du conseil municipal, si les travaux intéressent la commune ; du conseil général, s'ils concernent le département, et de ces deux assemblées s'ils mettent en cause à la fois la commune et le département (art. 12, § 4). Il est à noter, en passant, que la loi, pourtant si minutieuse, a omis le cas où les travaux intéresseraient l'État. En matière d'irrigation, de drainage et de chemins d'exploitation, la décision du préfet n'interviendra qu'après reconnaissance d'utilité publique par décret rendu en Conseil d'État (art. 9, § 2). Quant aux travaux publics urbains, il faut successivement le même décret en Conseil d'État et l'avis des corps délibérants, comme pour l'assainissement dans les villes (art. 9, § 2, et 12, § 4).

De semblables conséquences affectent le tempérament rationnel apporté au droit de coercition de la majorité : la faculté de délaissement. Le délaissement consiste dans le droit accordé aux membres de la minorité d'abandonner leurs terrains moyennant indemnité. Cela leur permet de se retirer sans perte d'une entreprise dont les avantages leur paraîtraient incertains ou insuffisants. La loi du 22 décembre 1888 a bien modifié sur ce point la loi de 1865, en étendant au délaissement par les incapables, les communes, les départements et l'État, les règles posées pour leur adhésion (art. 14, §§ 2 et 3). Mais elle continue à refuser cette faculté aux travaux d'endiguement et de curage, qui en avaient été primitivement exceptés par le seul motif que les lois des 16 septembre 1807 et 14 floréal an XI leur ont attribué un caractère obligatoire (Circulaire du ministre des Travaux publics, du 12 août 1865). En l'admettant pour les autres, elle établit, au sujet du règlement de l'indemnité, la distinction d'appliquer l'article 16 de la loi du 21 mai 1836 pour le premier et le troisième groupe, et la loi du 3 mai 1841 pour le second et le quatrième.

Enfin, quand l'exécution des travaux n'entraîne pas d'expropriation, ceux du premier groupe sont entrepris librement. Ceux du troisième sont soumis à une permission du préfet, sous condition du paiement préalable des indemnités de délaissement et si les associés ont garanti le prix des travaux, des fournitures et des indemnités pour dommages, au moyen des sûretés acceptées par les parties intéressées ou déterminées, en cas de désaccord, par le tribunal civil (art. 9, § 3). A cette condition s'ajoute, pour les second et dernier groupes, la réserve du droit des tiers, en cas d'insolvabilité de l'association syndicale, de recourir contre la commune, le département ou l'État (art. 9, § 4). De plus, si l'expropriation est nécessaire, elle est toujours déclarée d'utilité publique par décret en Conseil d'État, et l'on applique aux premier et troisième groupes la loi du 21 mai 1836, article 16 ; aux deux autres, celle du 3 mai 1841 (art. 18).

Ces divisions et ces distinctions ne s'expliquent que par la déviation des débats qu'elles ont occasionnée devant le Sénat. Les deux innovations du projet, admission des travaux publics et extension du système des associations autorisées, ont, en effet, rencontré au sein de cette assemblée des adversaires résolus. Elles ont néanmoins obtenu la consécration législative, mais entourées, par voie d'amendements, de formalités telles que l'exécution de la loi en deviendra particulièrement difficile. Que si les auteurs des amendements étaient mus par le souci éminemment respectable de protéger la propriété privée et les droits des minorités, ils ont aussi trop facilement oublié, à côté des prérogatives de l'individu, celles non moins légitimes de la collectivité. S'il y avait antagonisme, il fallait faire la part de chacun, sans s'exposer à sacrifier l'un à l'autre et, dans l'espèce, la conciliation était peut-être suffisamment réalisée par la faculté de délaissement.

Deux autres questions méritent également de retenir l'attention : la multiplicité des enquêtes et celle des reconnaissances ou déclarations d'utilité publique.

Aucune association syndicale ne saurait être autorisée qu'après une enquête. La loi du 21 juin 1865 avait laissé le soin d'en déterminer les formes à un règlement d'administration publique. Bien que, dans la pensée de la commission du Corps législatif, ce règlement dût simplifier la procédure des ordonnances du 18 février 1834 et du 23 août 1835 [1], le décret intervenu le 17 novembre 1865 en a compliqué les prescriptions par l'obligation d'une notification individuelle à tous les intéressés. En outre, cette première enquête ne suffira pas toujours. Si l'association recourt à l'expropriation, la déclaration d'utilité publique en entraînera une seconde, faite, celle-là, d'après les ordonnances de 1834 ou de 1835, selon la nature des travaux. De sorte que l'on peut répéter après M. Aucoc qu'il aurait été sage de remanier la loi, car elle aboutit à multiplier sans utilité les enquêtes [2].

Le même reproche s'adresse aux déclarations d'utilité publique. Il en faut une avant l'autorisation, toutes les fois qu'une association se propose un travail public urbain, l'irrigation, le colmatage, le drainage de terrains agricoles, ou l'ouverture de chemins d'exploitation (art. 9, § 2). Il en faut une autre, si l'exécution du projet nécessite une expropriation (art. 18). L'une et l'autre, d'ailleurs, par un véritable excès de formalisme, ne peuvent être prononcées que par décrets en Conseil d'État.

Un exemple, et non le plus compliqué, permettra de résumer ces diverses et multiples formalités.

Que l'on suppose plusieurs propriétaires ruraux enclavés et n'aboutissant à la voie publique la plus proche que par l'exercice onéreux d'une servitude de passage sur les terres d'un voisin. Ils s'entendent pour former une association syndicale autorisée et créer, en cette qualité, un chemin d'exploitation qui les desservira tous et se prolongera, même malgré le voisin, jusqu'à la route. Ils auront d'abord à faire dresser un plan, l'avant-projet et le devis des travaux et un projet d'association, qu'il faudra soumettre à l'enquête du décret de 1865. Ensuite le dossier sera transmis au ministre de l'Agriculture, qui provoquera l'avis du

---

1. GODOFFRE, *Des associations syndicales*, p. 167.
2. AUCOC, *Conférences sur l'administration*, II, n° 872.

Conseil d'État après lequel interviendra un décret. Le préfet pourra prendre alors un arrêté d'autorisation. Mais, avant de se mettre à l'œuvre, les intéressés auront encore à justifier qu'ils ont garanti le paiement des travaux, des fournitures et des indemnités pour les dommages qu'ils pourraient causer au voisin, ce qui les aura conduits, à peu près fatalement, à une action devant le tribunal civil. Cependant, en règle sur tous ces points et munis d'une permission préfectorale, ils entreprennent la partie du chemin située sur leur propriété. Le voisin, c'était à prévoir, réclame pour son terrain un prix exorbitant. Ils devront l'exproprier. Par suite, nouvelle enquête, suivant l'ordonnance de 1835, nouvelle communication du dossier par l'intermédiaire du préfet au ministre de l'Agriculture, nouvel avis du Conseil d'État, second décret et enfin fixation du prix par le jury, conformément à l'article 16 de la loi du 21 mai 1836.

Est-ce là ce que laissait entrevoir le rapporteur de la Chambre des députés, lorsqu'il s'exprimait en ces termes : « Au lieu de perdre leur temps en intrigues, en sollicitations auprès des conseils municipaux et de l'administration, les propriétaires intéressés agissent eux-mêmes ; ils se groupent, ils se syndiquent, ils se chargent de la besogne à leurs propres frais [1]. » Non, nos propriétaires ruraux ne s'imposeront pas toutes ces démarches ; ils ne s'engageront pas dans une pareille procédure à laquelle, la plupart du temps, ils n'entendront rien, et bien compliquée pour le but à atteindre. S'ils sont influents, ils sauront provoquer le classement d'un chemin vicinal dont les frais d'établissement et d'entretien seront supportés par tous les contribuables. Sinon, ils devront se résigner à subir, comme par le passé, une situation défavorable et « de là, des causes d'irritation contraires à l'idéal de paix sociale que nous devons poursuivre [2] ».

1. Rapport de M. Yves Guyot.
2. *Id.*

## V

Le législateur de 1865 avait prétendu pourvoir lui-même à l'organisation des associations syndicales. Mais les dispositions édictées à cette fin (Loi du 21 juin 1865, art. 10 à 25), devaient nécessairement rester incomplètes, et c'est avec raison que la loi du 22 décembre 1888 en a remis le soin à un règlement d'administration publique.

Tout en applaudissant à cette sage décision, on peut se demander s'il n'eût pas été préférable que l'omission, signalée à mainte reprise[1], dans la fixation des compétences, en ce qui concerne le contentieux électoral, fût directement réparée par la loi. En présence de la résistance du Conseil d'État à admettre l'intervention des conseils de préfecture, par assimilation des élections départementales et communales (Arr. des 18 décembre 1874, *Tontain;* 19 février 1875 ; *comm. de Saint-Hilaire-la-Palud;* 9 janvier 1880, *Aprille;* 11 mai 1889, *Jouve*)[2], la difficulté devient plus pressante. Car la théorie du ministre, juge de droit commun administratif, peut succomber à son tour, maintenant que cette théorie, si vivement combattue, est menacée de disparaître[3].

Il n'importait pas moins de déterminer le caractère de l'intervention administrative dans la vie courante des associations syndicales autorisées. C'eût été une première attestation des idées si souvent agitées sur la décentralisation et la liberté des organismes locaux, que l'on paraît hésiter à mettre en pratique dès que l'occasion s'en présente.

On pouvait aussi spécifier les justifications à produire pour établir que la création d'associations libres ou autorisées est

---

1. Aucoc, *Conférences sur l'administration*, II, n⁰ 883. — Ducrocq, *Cours de droit administratif* (6⁰ édit.), II, n⁰ 1574. — Gain, *Traité des associations syndicales,* n⁰ 221. — Perriquet, *Traité des travaux publics*, II, n⁰ 1201.
2. Laferrière, *Traité de la juridiction administrative,* II, p. 359.
3. Laferrière, *Id.*, I, p. 413.

impossible et qu'il est indispensable de recourir aux règles exceptionnelles stipulées par les lois des 16 septembre 1807 et 14 floréal an XI. (Lois de 1865 et de 1888, art. 26.)

Le règlement d'administration publique ne manquera pas, sans doute, de combler ces diverses lacunes. La délégation contenue dans l'article 27 est, en effet, des plus générales : « Un règlement d'administration publique déterminera les dispositions nécessaires pour l'exécution de la loi. » C'est-à-dire qu'elle autorise le Gouvernement à prendre toutes les mesures nécessaires pour remédier au silence ou à l'insuffisance du texte.

Mais il restera toujours ce grave inconvénient que le législateur seul pourrait faire disparaître : le défaut d'unification, comme en 1865, de toutes les réglementations sur la matière. La loi de 1888 a perdu de vue les avantages de cette coordination et laissé subsister, à côté de la loi organique nouvelle, celles des 20 août 1881, 4 avril 1882 et 15 décembre 1888, relatives aux associations syndicales pour la construction et l'entretien des chemins publics ruraux, la restauration et la conservation des terrains en montagne et la défense des vignes contre le phylloxera. De telle sorte que l'on ne saurait se faire aujourd'hui une idée complète de la législation, à moins d'avoir laborieusement combiné les multiples dispositions de ces divers régimes.

Quoi qu'il en soit, la loi du 22 décembre 1888 a déjà réalisé un progrès considérable par l'abandon, en principe, des errements du passé sur le rôle de l'administration, sans l'intervention de laquelle on ne concevait guère que pût s'exercer impunément l'initiative des citoyens. Malheureusement, sous le rapport pratique, les complications et les lenteurs d'instruction semblent de nature à en compromettre les résultats, si l'on songe que, depuis la promulgation, qui date déjà de trois ans, elle n'a reçu que deux applications : l'une concernant des travaux de voirie urbaine, l'autre pour l'abornement général d'une commune rurale. A cet égard, s'il fallait, un jour ou l'autre, revenir devant le Parlement, il suffirait encore, pour définir sa tâche, de lui remettre sous les yeux ce passage de l'exposé des motifs de la loi du 21 juin 1865 : « Le moment est arrivé d'aborder cette question par son côté le plus important, c'est-à-dire de simplifier les formalités, d'abréger les instructions, de donner l'essor à l'esprit d'entreprise et d'initiative privée. Sans doute, les œuvres complexes et difficiles que les syndicats ont en vue de réaliser ne peuvent se passer complètement du concours de l'État ; mais c'est ici l'occasion de répéter que la tutelle organisée par une centralisation peut-être excessive de la puissance publique a pour effet de donner aux populations des habitudes regrettables d'inertie et de timidité qui aboutissent souvent à l'impuissance. »

# TABLE




Paris. — Typ. Chamerot et Renouard, 19, rue des Saints-Pères. — 28197.